Les *30* verbes
en français
les plus utilisés

© didaktis M. Walder
Text: Isabelle Studer und Michael Walder
Umschlag, Illustration: Michael Walder
Lektorat, Korrektorat: Geneviève Appenzeller

Druck und Distribution im Auftrag von didaktis M. Walder:
Verlag: BoD · Books on Demand GmbH, In de Tarpen 42, 22848 Norderstedt
Druck: Libri Plureos GmbH, Friedensallee 273, 22763 Hamburg

ISBN
Paperback: 978-3-7693-1454-0

Über dieses Büchlein

Verben lernen ist kein Vergnügen, das gebe ich zu, aber trotzdem, es ist halt doch irgendwie wichtig ☹. Wenn jemand eine Sprache nicht so gut beherrscht, dann merkt man es als Erstes daran, dass die Verben falsch konjugiert sind. Deshalb beschränken wir uns auf das Wesentliche. Wir verzichten auf viel Theorie, aber mit der Zeit wirst du wie von selbst merken, wie der Hase läuft. Du wirst ein Gefühl dafür entwickeln, wies richtig ist oder wenigstens weniger falsch ☺. Deshalb stürze dich ins Unangenehme und lerne jede Woche ein neues Verb, denn Achtung: schreiben musst du sie alle selber. Aber bevor es losgeht, erkläre ich dir noch, was die Symbole in diesem Büchlein zu bedeuten haben.

Kategorie

 Das sind die Allerweltsverben, sie kommen überall und in vielen Bereichen vor. Mit ihnen beschreibst du zum Beispiel, wie es dir geht, wie alt du bist, was du siehst usw.

 Ja genau, richtig, alles, was man normalerweise mit den Händen macht: machen, nehmen, legen, stellen, geben etc.

 Seien wir ehrlich: Mit anderen schwatzen, das ist einfach grossartig und diese Verben helfen dir genau dabei: etwas sagen, deine Meinung aussprechen, reden, fragen usw.

 Wo führt das hin? Ja klar, auf Reisen möchte man nicht stehenbleiben, deshalb helfen dir diese Verben, um weiterzukommen.

 So leicht wie das Insekt von Blüte zu Blüte fliegt, sind diese Verben zu lernen. Sie folgen klaren Regeln und machen keine Schwierigkeiten.

 Na ja, es gibt kleine und grosse Hunde und so sind diese Verben auch: Die kleinen Kläffer sind laut, aber nicht so schwer. Dann gibt es halt auch die grossen, harten Hunde, die Angst machen. Aber wenigstens folgen diese Verben gewissen Regeln.

 Dieses Tier ist schwer, sehr schwer sogar und so sind es diese Verben auch. Sie haben keine Regeln und es bleibt dir nichts anderes übrig, als sie auswendig zu lernen.

Weisst du nicht mehr weiter oder möchtest du deine Eingaben selber korrigieren? Dann findest du auf **https://konjugator.reverso.net** eine einfache Seite, wo du Verben auf Französisch und in vielen anderen Sprachen konjugieren lassen kannst.
Das funktioniert auch super mit deinem Mobiltelefon, wenn du diesen QR-Code scannst.

Danksagung

Mein herzliches Dankeschön geht an meine Kollegin Isabelle Studer, welche
die meisten Beispielsätze geschrieben, Ideen beigesteuert und ärgerliche Fehler
gefunden hat.
Vielen Dank auch an Geneviève Appenzeller für das Lektorat.

Viel Erfolg beim Lernen, wünscht euch Herr Walder.

avoir

Présent

j'

tu

il / elle

nous

vous

ils / elles

Impératif

Passé composé

j'

tu

il / elle

nous

vous

ils / elles

Exemples au présent

+

J'ai 12 ans. Ella a un costume.

-

Il n'a pas de vélo.

?

Est-ce que tu as une trottinette ?

Exemples au passé composé

+

J'ai eu faim.

-

Elle n'a pas eu de ticket.

?

Est-ce que tu as eu de l'argent ?

être

Présent

je   _____________________

tu   _____________________

il / elle   _____________________

nous   _____________________

vous   _____________________

ils / elles _____________________

Impératif

____

____

Passé composé

j'   _____________________

tu   _____________________

il / elle   _____________________

nous   _____________________

vous   _____________________

ils / elles _____________________

Exemples au présent

+ Je suis heureux.

- Tu n'es pas gentil.

? Est-ce qu'il est à la maison ?

Exemples au passé composé

+ J'ai été triste.

- Nous n'avons pas été courageux.

? Est-ce qu'elles ont été à Paris ?

falloir

Présent

il ___________________________

Passé composé

il ___________________________

Exemples au présent

+

Il faut ranger la chambre.

____

____

-

Il ne faut pas conduire trop vite.

____

____

?

Est-ce qu'il faut réagir ?

____

____

voir

_______________________  

Présent

je _______________________

tu _______________________

il / elle _______________________

nous _______________________

vous _______________________

ils / elles _______________________

Impératif

____

____

Passé composé

j' _______________________

tu _______________________

il / elle _______________________

nous _______________________

vous _______________________

ils / elles _______________________

Exemples au présent

+

Je vois une grande maison.

____

____

-

Il ne voit pas ses amis tous les jours.

____

____

?

Est-ce que vous voyez cet oiseau ?

____

____

Exemples au passé composé

+

J'ai vu mon oncle au théâtre.

____

____

-

Nous n'avons pas vu l'accident.

____

____

?

Est-ce qu'elles ont vu ce film ?

____

____

11

passer

_______________  

Présent

je   _______________________________

tu   _______________________________

il / elle   _______________________________

nous   _______________________________

vous   _______________________________

ils / elles   _______________________________

Impératif

____

____

Passé composé

j'   _______________________________

tu   _______________________________

il / elle   _______________________________

nous   _______________________________

vous   _______________________________

ils / elles   _______________________________

Exemples au présent

+

Je passe mes vacances en France.

____

____

-

On ne passe pas par Lyon.

____

____

?

Est-ce que vous passez la journée à la piscine ?

____

____

Exemples au passé composé

+

Il a passé une journée intéressante.

____

____

-

Nous n'avons pas passé la soirée à la maison.

____

____

?

Est-ce que vous avez passé une bonne semaine ?

____

____

aller

Présent

je

tu

il / elle

nous

vous

ils / elles

Impératif

Passé composé

je

tu

il / elle

nous

vous

ils / elles

Exemples au présent

+

Je vais à l'école.

____

____

-

Tu ne vas pas à la maison.

____

____

?

Est-ce que vous allez au cinéma ?

____

____

Exemples au passé composé

+

Elle est allée au théâtre.

____

____

-

Nous ne sommes pas allés en voiture.

____

____

?

Est-ce qu'il est allé à la piscine ?

____

____

partir ______________________

Présent

je ______________________

tu ______________________

il / elle ______________________

nous ______________________

vous ______________________

ils / elles ______________________

Impératif

____

____

Passé composé

je ______________________

tu ______________________

il / elle ______________________

nous ______________________

vous ______________________

ils / elles ______________________

Exemples au présent

+

Je pars en vacances.

____

____

-

Elle ne part pas demain.

____

____

?

Est-ce qu'ils partent à l'étranger ?

____

____

Exemples au passé composé

+

Tu es parti hier.

____

____

-

Vous n'êtes pas partis à temps.

____

____

?

Est-ce qu'elle est partie en France ?

____

____

venir

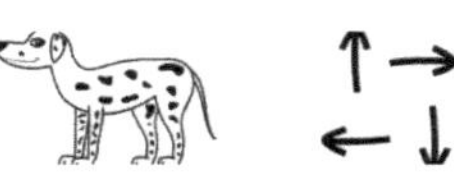

Présent

je ____

tu ____

il / elle ____

nous ____

vous ____

ils / elles ____

Impératif

Passé composé

je ____

tu ____

il / elle ____

nous ____

vous ____

ils / elles ____

Exemples au présent

+ Je viens à l'école tous les jours.

- Nous ne venons pas à la fête.

? Est-ce qu'elles viennent avec vous ?

Exemples au passé composé

+ Il est venu trop tard.

- Vous n'êtes pas venus en train.

? Est-ce qu'elles sont venues à l'heure ?

arriver ___________________

Présent

j' ___________________

tu ___________________

il / elle ___________________

nous ___________________

vous ___________________

ils / elles ___________________

Impératif

____

____

Passé composé

je ___________________

tu ___________________

il / elle ___________________

nous ___________________

vous ___________________

ils / elles ___________________

Exemples au présent

+

J'arrive tout de suite.

____

____

-

Tu n'arrives jamais à l'heure.

____

____

?

Est-ce que vous arrivez tôt ?

____

____

Exemples au passé composé

+

Elle est arrivée avec un cadeau.

____

____

-

Nous ne sommes pas arrivés les derniers.

____

____

?

Est-ce que le train est arrivé ?

____

____

rester _______________

Présent

je	_______________
tu	_______________
il / elle	_______________
nous	_______________
vous	_______________
ils / elles	_______________

Impératif

____

____

Passé composé

je	_______________
tu	_______________
il / elle	_______________
nous	_______________
vous	_______________
ils / elles	_______________

Exemples au présent

+	Je reste à la maison ce soir.
-	Elle ne reste pas quatre semaines à Paris.
?	Est-ce que vous restez dehors ?

Exemples au passé composé

+	Tu es resté une heure dans l'eau.
-	Les chats ne sont pas restés dans l'arbre.
?	Est-ce qu'ils sont restés heureux ?

faire   ———————————  

Présent

je   ———————————

tu   ———————————

il / elle   ———————————

nous   ———————————

vous   ———————————

ils / elles   ———————————

Impératif

———————————

———————————

Passé composé

j'   ———————————

tu   ———————————

il / elle   ———————————

nous   ———————————

vous   ———————————

ils / elles   ———————————

Exemples au présent

+

Je fais mes devoirs.

-

Vous ne faites pas de bêtises.

?

Est-ce qu'ils font un gâteau ?

Exemples au passé composé

+

Il a fait un dessin.

-

Nous n'avons pas fait d'erreurs.

?

Est-ce que tu as fait des progrès ?

mettre

Présent

je

tu

il / elle

nous

vous

ils / elles

Impératif

Passé composé

j'

tu

il / elle

nous

vous

ils / elles

26

Exemples au présent

+

Je mets un pull.

-

Elle ne met pas de chaussettes.

?

Est-ce que vous mettez un manteau ?

Exemples au passé composé

+

Nous avons mis des gants.

-

Tu n'as pas mis ta chaise sur le pupitre.

?

Est-ce qu'ils ont mis des assiettes sur la table ?

pouvoir  

Présent

je ______________________

tu ______________________

il / elle ______________________

nous ______________________

vous ______________________

ils / elles ______________________

Passé composé

j' ______________________

tu ______________________

il / elle ______________________

nous ______________________

vous ______________________

ils / elles ______________________

+

Je peux venir ce soir.

____

____

-

Il ne peut pas aller au sport.

____

____

?

Est-ce que je peux acheter un cahier pour l'ecole ?

____

____

prendre ____________________  

Présent

je ____________________

tu ____________________

il / elle ____________________

nous ____________________

vous ____________________

ils / elles ____________________

Impératif

____

____

Passé composé

j' ____________________

tu ____________________

il / elle ____________________

nous ____________________

vous ____________________

ils / elles ____________________

Exemples au présent

| + | Je prends une pizza. |

| - | Nous ne prenons pas le bus. |

| ? | Est-ce qu'ils prennent un café ? |

Exemples au passé composé

| + | Tu as pris un dessert. |

| - | Vous n'avez pas pris de cours de français. |

| ? | Est-ce que tu as pris une pomme ? |

tenir _______________  

Présent

je   _______________

tu   _______________

il / elle   _______________

nous   _______________

vous   _______________

ils / elles   _______________

Impératif

____

____

Passé composé

j'   _______________

tu   _______________

il / elle   _______________

nous   _______________

vous   _______________

ils / elles   _______________

Exemples au présent

+

Je tiens ma promesse.

____

____

-

Ça ne tient pas l'eau.

____

____

?

Est-ce que ton père t'a tenu un discours ?

____

____

Exemples au passé composé

+

On a tenu à venir chez vous.

____

____

-

Elle n'a pas tenu parole.

____

____

?

Est-ce qu'elle a tenu bon ?

____

____

donner __________________  

Présent

je   __________________

tu   __________________

il / elle   __________________

nous   __________________

vous   __________________

ils / elles   __________________

Impératif

____

____

Passé composé

j'   __________________

tu   __________________

il / elle   __________________

nous   __________________

vous   __________________

ils / elles   __________________

Exemples au présent

+ Il me donne 5 Euro.

- Tu ne donnes pas les devoirs.

? Est-ce que tu me donnes un biscuit ?

Exemples au passé composé

+ Tu as donné le livre à ta cousine.

- Elle n'a pas donné réponse.

? Est-ce que vous avez donné à manger au chien ?

manger _______________  

Présent

je _______________

tu _______________

il / elle _______________

nous _______________

vous _______________

ils / elles _______________

Impératif

____

____

Passé composé

j' _______________

tu _______________

il / elle _______________

nous _______________

vous _______________

ils / elles _______________

Exemples au présent

+

Je mange une pomme.

____

____

-

Nous ne mangeons pas de fromage.

____

____

?

Est-ce que vous mangez de la viande ?

____

____

Exemples au passé composé

+

Il a mangé son dessert.

____

____

-

Elles n'ont pas mangé de frites.

____

____

?

Est-ce que tu as déjà mangé ?

____

____

trouver

Présent

je

tu

il / elle

nous

vous

ils / elles

Impératif

Passé composé

j'

tu

il / elle

nous

vous

ils / elles

Exemples au présent

+

Je trouve la fille sympa.

____

____

-

Nous ne trouvons pas la clé.

____

____

?

Est-ce que tu trouves ça intéressant ?

____

____

Exemples au passé composé

+

Elle a trouvé un billet de 10 francs.

____

____

-

Vous n' avez pas trouvé le chemin.

____

____

?

Est-ce qu'ils ont trouvé la solution ?

____

____

s'appeler

Présent

je   _______________________

tu   _______________________

il / elle   _______________________

nous   _______________________

vous   _______________________

ils / elles   _______________________

Impératif

Passé composé

je   _______________________

tu   _______________________

il / elle   _______________________

nous   _______________________

vous   _______________________

ils / elles   _______________________

+

Elle s'appelle Anna

-

Je ne m'appelle pas Luis.

?

Comment t'appelles-tu ?

comprendre

 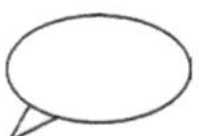

Présent

je   _______________________

tu   _______________________

il / elle   _______________________

nous   _______________________

vous   _______________________

ils / elles   _______________________

Impératif

____

____

Passé composé

j'   _______________________

tu   _______________________

il / elle   _______________________

nous   _______________________

vous   _______________________

ils / elles   _______________________

Exemples au présent

+

Nous comprenons la tâche.

____

____

-

Je ne comprends pas.

____

____

?

Est-ce que tu comprends la lecture ?

____

____

Exemples au passé composé

+

Oui, j'ai compris.

____

____

-

Il n'a pas compris.

____

____

?

Est-ce qu'elle a compris la règle des adjectifs ?

____

____

connaître ___________  

Présent

je   _______________________

tu   _______________________

il / elle   _______________________

nous   _______________________

vous   _______________________

ils / elles   _______________________

Impératif

____

____

Passé composé

j'   _______________________

tu   _______________________

il / elle   _______________________

nous   _______________________

vous   _______________________

ils / elles   _______________________

Exemples au présent

+

Tu connais Anna.

____

____

-

Il ne connaît pas Anna.

____

____

?

Connaissez-vous la Tour Eiffel ?

____

____

Exemples au passé composé

+

Nous avons connu la Suisse avec plus de neige.

____

____

-

Vous n'avez pas connu l'esclavage en Afrique.

____

____

?

Est-ce qu'il a connu la guerre ?

____

____

croire

 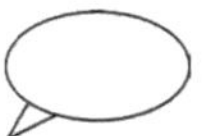

Présent

je

tu

il / elle

nous

vous

ils / elles

Impératif

Passé composé

j'

tu

il / elle

nous

vous

ils / elles

46

Exemples au présent

+

Je crois que c'est vrai.

____

____

-

Elle ne croit pas à ses histoires.

____

____

?

Est-ce que vous croyez ça ?

____

____

Exemples au passé composé

+

Il a cru en lui.

____

____

-

Nous n'avons jamais cru à cette histoire.

____

____

?

Est-ce qu'ils ont cru à ses paroles ?

____

____

devoir

Présent

je ___________________________

tu ___________________________

il / elle ___________________________

nous ___________________________

vous ___________________________

ils / elles ___________________________

Impératif

____

____

Passé composé

j' ___________________________

tu ___________________________

il / elle ___________________________

nous ___________________________

vous ___________________________

ils / elles ___________________________

+   Tu dois ranger ta chambre.

____

____

-   Nous ne devons pas être en retard.

____

____

?   Est-ce que tu dois rentrer à la maison ?

____

____

dire

 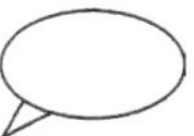

Présent

je

tu

il / elle

nous

vous

ils / elles

Impératif

Passé composé

j'

tu

il / elle

nous

vous

ils / elles

50

Exemples au présent

	Il dit bonjour.
+	__________________
	__________________

	Je ne dis rien.
-	__________________
	__________________

	Qu'est-ce que tu dis ?
?	__________________
	__________________

Exemples au passé composé

	J'ai dit salut.
+	__________________
	__________________

	Nous n'avons pas dit un mot.
-	__________________
	__________________

	Qu'est-ce qu'ils ont dit ?
?	__________________
	__________________

savoir

Présent

je   ________________________________

tu   ________________________________

il / elle   ________________________________

nous   ________________________________

vous   ________________________________

ils / elles   ________________________________

Impératif

____

____

Passé composé

j'   ________________________________

tu   ________________________________

il / elle   ________________________________

nous   ________________________________

vous   ________________________________

ils / elles   ________________________________

+

Oui, je sais.

____

____

-

Il ne sait pas chanter.

____

____

?

Est-ce que tu sais parler anglais ?

____

____

vouloir

Présent

je _______________

tu _______________

il / elle _______________

nous _______________

vous _______________

ils / elles _______________

Impératif

____

____

Passé composé

j' _______________

tu _______________

il / elle _______________

nous _______________

vous _______________

ils / elles _______________

+

Nous voulons aller à la piscine.

____

____

-

Ils ne veulent pas rentrer à la maison.

____

____

?

Voulez-vous une glace ?

____

____

aimer __________________

Présent

j'   __________________

tu   __________________

il / elle   __________________

nous   __________________

vous   __________________

ils / elles __________________

Impératif

____

____

Passé composé

j'   __________________

tu   __________________

il / elle   __________________

nous   __________________

vous   __________________

ils / elles __________________

+

J'aime les chats.

____

____

-

Elle n'aime pas les brocolis.

____

____

?

Aimes-tu faire du ski ?

____

____

Exemples au passé composé

+

Il a aimé grimper.

____

____

-

Nous n'avons pas aimé écrire une dictée.

____

____

?

As-tu aimé l'école ?

____

____

demander

Présent

je   ________________________________

tu   ________________________________

il / elle   ________________________________

nous   ________________________________

vous   ________________________________

ils / elles ________________________________

Impératif

Passé composé

j'   ________________________________

tu   ________________________________

il / elle   ________________________________

nous   ________________________________

vous   ________________________________

ils / elles ________________________________

Exemples au présent

+

Il demande à sa mère.

____

____

-

Je ne demande pas au professeur.

____

____

?

Demandes-tu à ton père ?

____

____

Exemples au passé composé

+

Ils ont demandé au directeur.

____

____

-

Nous n'avons rien demandé.

____

____

?

Qu'est-ce que tu as demandé ?

____

____

parler ______________

Présent

je ______________

tu ______________

il / elle ______________

nous ______________

vous ______________

ils / elles ______________

Impératif

____

____

Passé composé

j' ______________

tu ______________

il / elle ______________

nous ______________

vous ______________

ils / elles ______________

Exemples au présent

+ Vous parlez allemand.

____

____

- Elle ne parle pas anglais.

____

____

? Est-ce que tu parles espagnol ?

____

____

Exemples au passé composé

+ Ils ont parlé de sujets intéressants.

____

____

- Tu n'as pas parlé à haute voix.

____

____

? De quoi est-ce qu'elle a parlé ?

____

____

penser

Présent

je

tu

il / elle

nous

vous

ils / elles

Impératif

Passé composé

j'

tu

il / elle

nous

vous

ils / elles

Exemples au présent

+

Je pense aux vacances.

-

Les chiens ne pensent qu'à manger.

?

Qu'est-ce que tu penses ?

Exemples au passé composé

+

Elle a pensé à un film.

-

Vous n'avez pas pensé aux devoirs.

?

Qu'est-ce qu'ils ont pensé ?

Présent

je ___________________________

tu ___________________________

il / elle ___________________________

nous ___________________________

vous ___________________________

ils / elles ___________________________

Impératif

____

____

Passé composé

je ___________________________

tu ___________________________

il / elle ___________________________

nous ___________________________

vous ___________________________

ils / elles ___________________________

Exemples au présent

+

-

?

Exemples au passé composé

+

-

?

Présent

je   _________________________________

tu   _________________________________

il / elle   _____________________________

nous   _______________________________

vous   _______________________________

ils / elles ___________________________

Impératif

Passé composé

je   _________________________________

tu   _________________________________

il / elle   _____________________________

nous   _______________________________

vous   _______________________________

ils / elles ___________________________

Exemples au présent

+ ____

____

- ____

____

? ____

____

Exemples au passé composé

+ ____

____

- ____

____

? ____

____

_________________________ ☐ ☐

Présent

je   _______________________

tu   _______________________

il / elle   _______________________

nous   _______________________

vous   _______________________

ils / elles   _______________________

Impératif

____

____

Passé composé

je   _______________________

tu   _______________________

il / elle   _______________________

nous   _______________________

vous   _______________________

ils / elles   _______________________

Exemples au présent

+	
-	
?	

Exemples au passé composé

+	
-	
?	

Présent

je   __________________________________

tu   __________________________________

il / elle   __________________________________

nous   __________________________________

vous   __________________________________

ils / elles   __________________________________

Impératif

____

____

Passé composé

je   __________________________________

tu   __________________________________

il / elle   __________________________________

nous   __________________________________

vous   __________________________________

ils / elles   __________________________________

Exemples au présent

+	
-	
?	

Exemples au passé composé

+	
-	
?	

$$\rule{8cm}{0.4pt} \qquad \Box \quad \Box$$

Présent

je   _______________________________

tu   _______________________________

il / elle   _______________________________

nous   _______________________________

vous   _______________________________

ils / elles   _______________________________

Impératif

____

____

Passé composé

je   _______________________________

tu   _______________________________

il / elle   _______________________________

nous   _______________________________

vous   _______________________________

ils / elles   _______________________________

Exemples au présent

+

\-

?

Exemples au passé composé

+

\-

?

Sommaire

niveau

1= 

2= 

3=